AF205673

Impressum
Verlag: BABADADA GmbH, Nedderfeld 112 , 22529 Hamburg
Geschäftsführer / Verlagsleitung: Harald Hof
Druck: Books on Demand GmbH, In de Tarpen 42, 22848 Norderstedt

Imprint
Publisher: BABADADA GmbH, Nedderfeld 112 , 22529 Hamburg, Germany
Managing Director / Publishing direction: Harald Hof
Print: Books on Demand GmbH, In de Tarpen 42, 22848 Norderstedt

escola
school

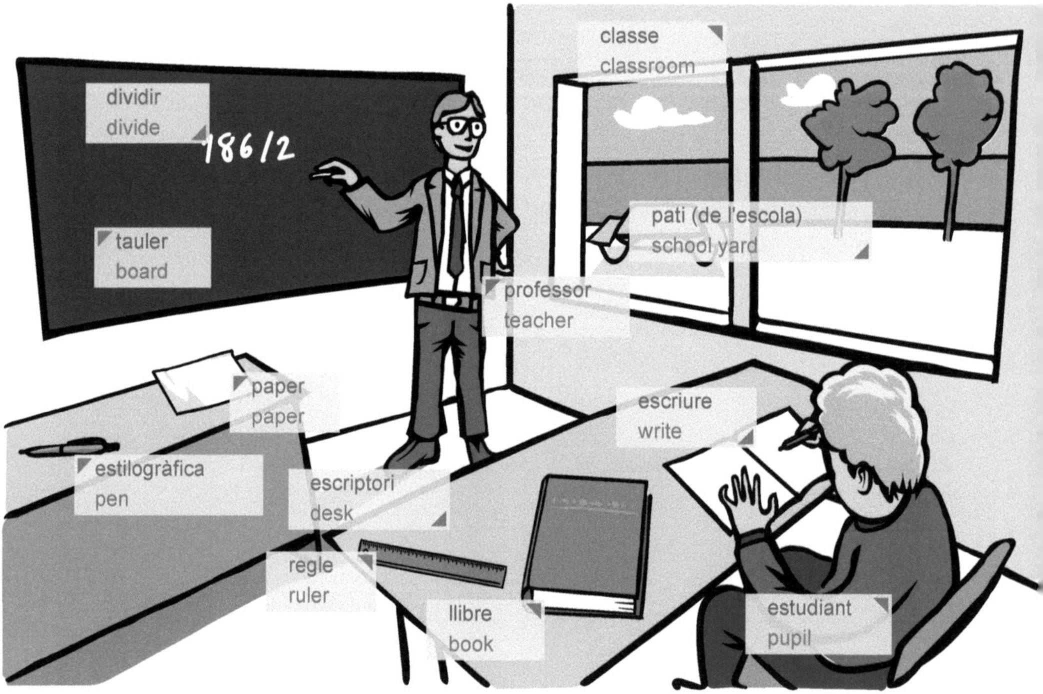
classe
classroom
dividir
divide
186/2
tauler
board
pati (de l'escola)
school yard
professor
teacher
paper
paper
escriure
write
estilogràfica
pen
escriptori
desk
regle
ruler
llibre
book
estudiant
pupil

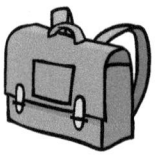

bossa

satchel

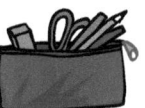

estoig

pencil case

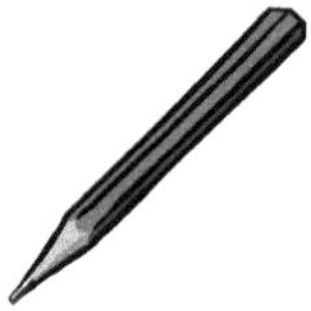

llapis

pencil

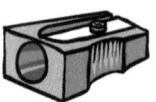

maquineta de fer punta

pencil sharpener

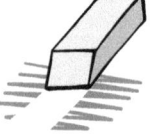

goma

rubber

bloc de dibuix

drawing pad

dibuix

drawing

pinzell

paintbrush

capsa de pintures

paint box

tisores

scissors

cola

glue

quadern d'exercicis

exercise book

deures

homework

nombre

number

afegir

add

sostreure

subtract

multiplicar

multiply

calcular

calculate

lletra

letter

alfabet

alphabet

mot

word

text

text

llegir

read

guix

chalk

lliçó

lesson

llibre de classe

register

examen

examination

certificat

certificate

uniforme escolar

school uniform

formació

education

enciclopèdia

encyclopedia

universitat

university

microscopi

microscope

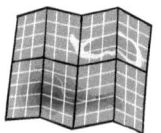

mapa

map

paperera

waste-paper basket

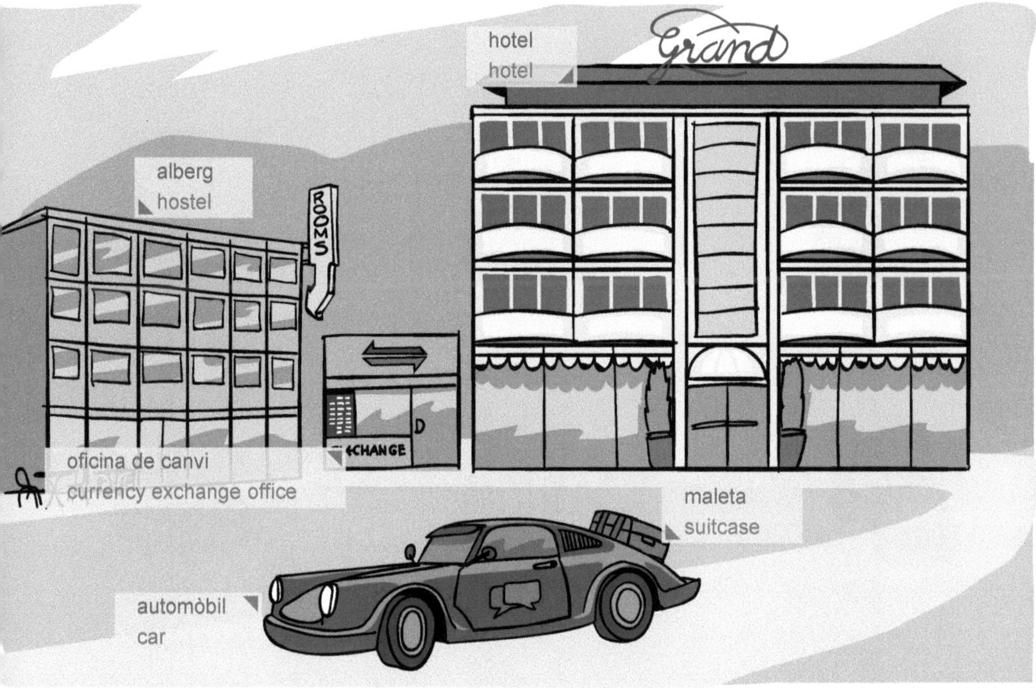

hotel
hotel
Grand
alberg
hostel
ROOMS
EXCHANGE
oficina de canvi
currency exchange office
maleta
suitcase
automòbil
car

llengua

language

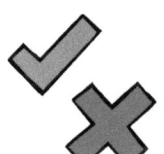

sí / no

yes / no

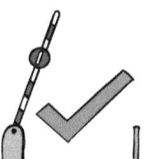

D'acord

Okay

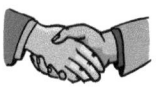

Ey!

hello

traductora

translator

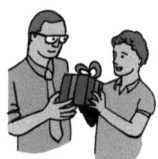

gràcies

Thank you

Quant costa… ?

how much is…?

No entenc

I don´t get it

problema

problem

Bona nit!

Good evening!

bon dia!

Good morning!

bona nit!

Good night!

fins aviat

goodbye

direcció

direction

bagatge

luggage

bossa

bag

sarrona

backpack

convidat

guest

cambra

room

sac de dormir

sleeping bag

tenda

tent

oficina de turisme

tourist information

platja

beach

carta de crèdit

credit card

esmorzar

breakfast

dinar

lunch

sopar

dinner

bitllet

Ticket

ascensor

elevator

segell

stamp

frontera

border

duana

customs

ambaixada

embassy

visat

visa

passaport

passport

transport
transport

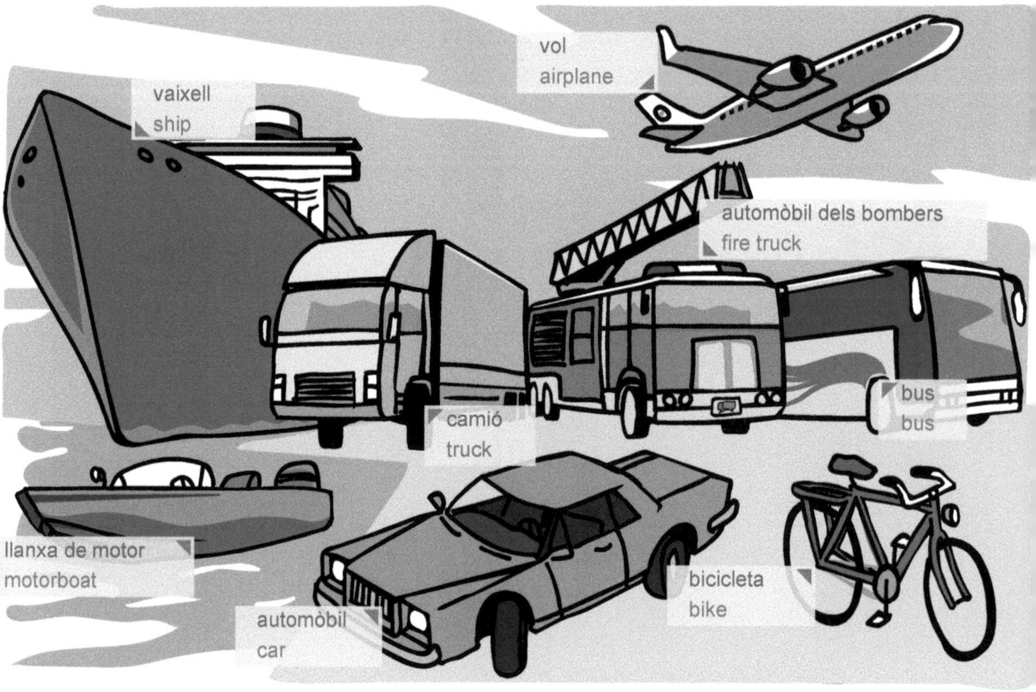
vol
airplane
vaixell
ship
automòbil dels bombers
fire truck
bus
bus
camió
truck
llanxa de motor
motorboat
bicicleta
bike
automòbil
car

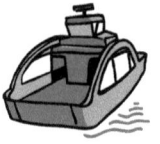

transbordador
ferry

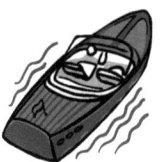

barca
boat

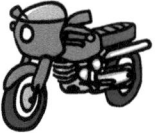

moto
motorbike

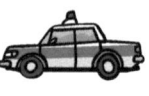

automòbil de policia
police car

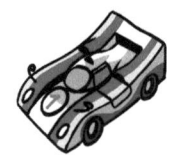

automòbil de curses
racing car

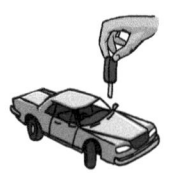

automòbil de lloguer
rental car

vehicle compartit

car sharing

grua

tow truck

camió de les escombraries

garbage truck

motor

engine

benzina

fuel

benzineria

fuel station

senyal de trànsit

traffic sign

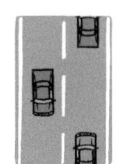

trànsit

traffic

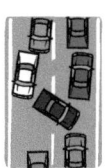

embús

traffic jam

aparcament

parking lot

estació de trens

train station

vies

tracks

tren

train

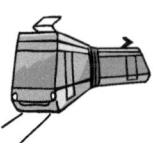

tramvia

tram

vagó

wagon

helicòpter

helicopter

aeroport

airport

torre

tower

passatger

passenger

contenidor

container

capsa de cartó

carton

carretó

cart

cistella

basket

enlairar-se / aterrar

take off / land

ciutat

city

poble

village

centre de la ciutat

city center

casa

house

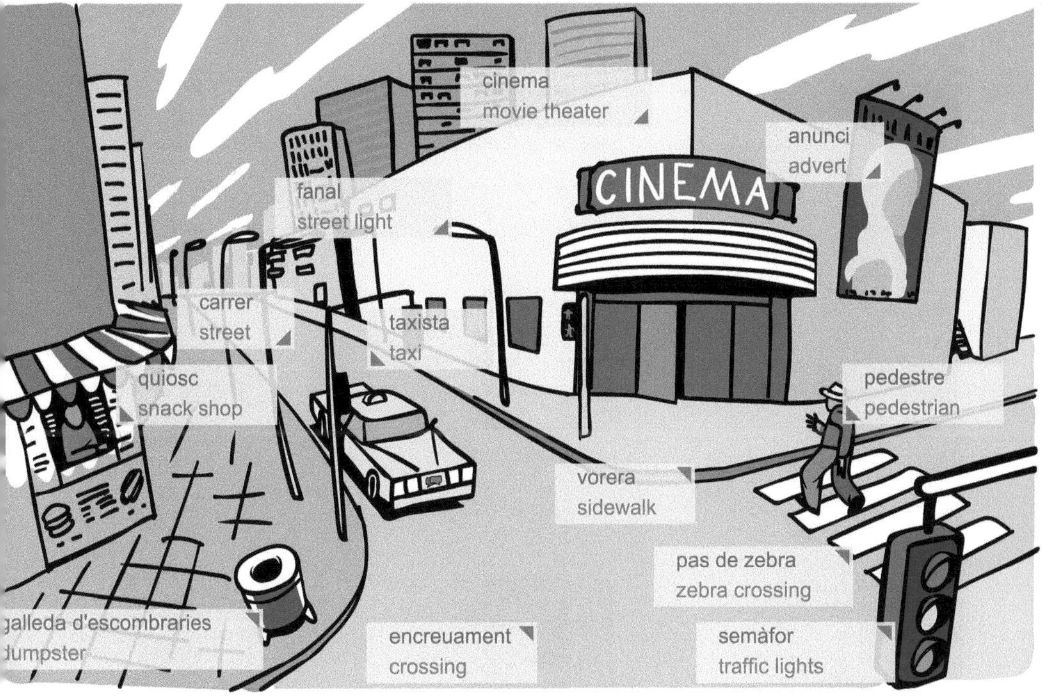

cinema
movie theater
anunci
advert
CINEMA
fanal
street light
carrer
street
taxista
taxi
quiosc
snack shop
pedestre
pedestrian
vorera
sidewalk
pas de zebra
zebra crossing
galleda d'escombraries
dumpster
encreuament
crossing
semàfor
traffic lights

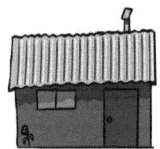

cabana

hut

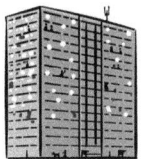

apartament

apartment

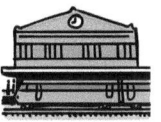

estació de trens

train station

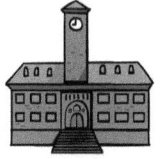

casa de la vila-ciutat

city hall

MUSEUM

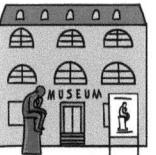

museu

museum

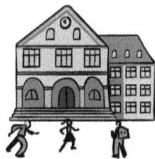

escola

school

universitat

university

banca

bank

hospital

hospital

hotel

hotel

farmàcia

pharmacy

oficina

office

llibreria

book shop

botiga

shop

floristeria

flower shop

supermercat

supermarket

mercat

market

gran magatzem

department store

peixateria

fishmonger's shop

centre comercial

mall

port

harbor

parc

park

banc

bench

pont

bridge

escala

stairs

metro

subway

túnel

tunnel

parada d'autobús

bus stop

bar

bar

restaurant

restaurant

bústia de correu

postbox

senyal indicador

street sign

parquímetre

parking meter

zoo

zoo

piscina

swimming pool

mesquita

mosque

ciutat - city

granja

farm

pol·lució

pollution

cementiri

cemetery

església

church

parc infantil

playground

temple

temple

paisatge
landscape

fulla
leaf

cartell indicador
signpost

camí
path

prat
meadow

pedra
stone

excursionista
hiker

arbre
tree

riu
river

gespa
grass

flor
flower

14   paisatge - landscape

vall
valley

muntanya
hill

llac
lake

bosc
forest

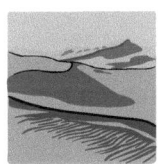

desert
desert

volcà
volcano

castell
castle

arc de Sant Martí
rainbow

bolet
mushroom

palmera
palm tree

moscard
mosquito

mosca
fly

formiga
ant

abella
bee

aranya
spider

escarabat

beetle

granota

frog

esquirol

squirrel

eriçó

hedgehog

llebre

hare

òliba

owl

ocell

bird

cigne

swan

senglar

boar

cervo

deer

ant

moose

presa

dam

turbina

wind turbine

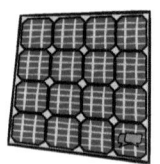

panell solar

solar panel

clima

climate

restaurant

restaurant

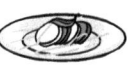

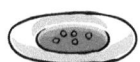

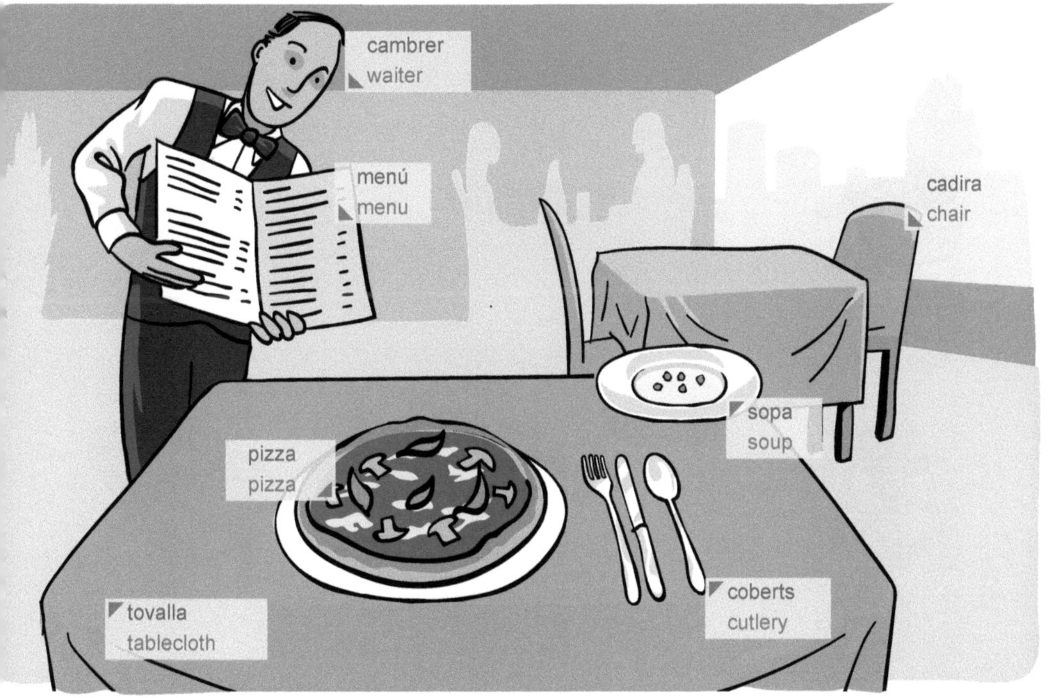
cambrer
waiter
menú
menu
cadira
chair
sopa
soup
pizza
pizza
tovalla
tablecloth
coberts
cutlery

primer plat

starter

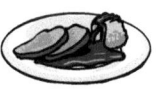

plat principal

main course

darreries

dessert

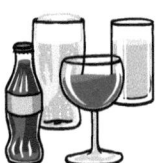

begudes

drinks

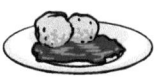

menjar

food

ampolla

bottle

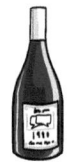

menjar ràpid

fast food

menjar de carrer

street food

tetera

teapot

sucrer

sugar bowl

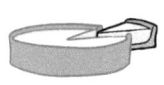

porció

portion

màquina d'espresso

espresso machine

trona

high chair

factura

bill

plata

tray

ganivet

knife

forqueta

fork

cullera

spoon

cullereta

teaspoon

tovalló

serviette

got

glass

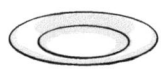

plat

plate

plat de sopa

soup plate

plateret

saucer

salsa

sauce

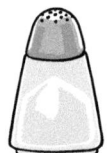

saler

salt shaker

molinet de pebre

pepper mill

vinagre

vinegar

oli

oil

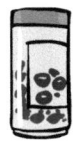

espècies

spices

quètxup

ketchup

mostassa

mustard

maionesa

mayonnaise

supermercat

supermarket

oferta especial
special offer
FOR
client
customer
productes lactis
dairy products
fruites
fruit
carret de la compra
shopping cart

BUTCHERS

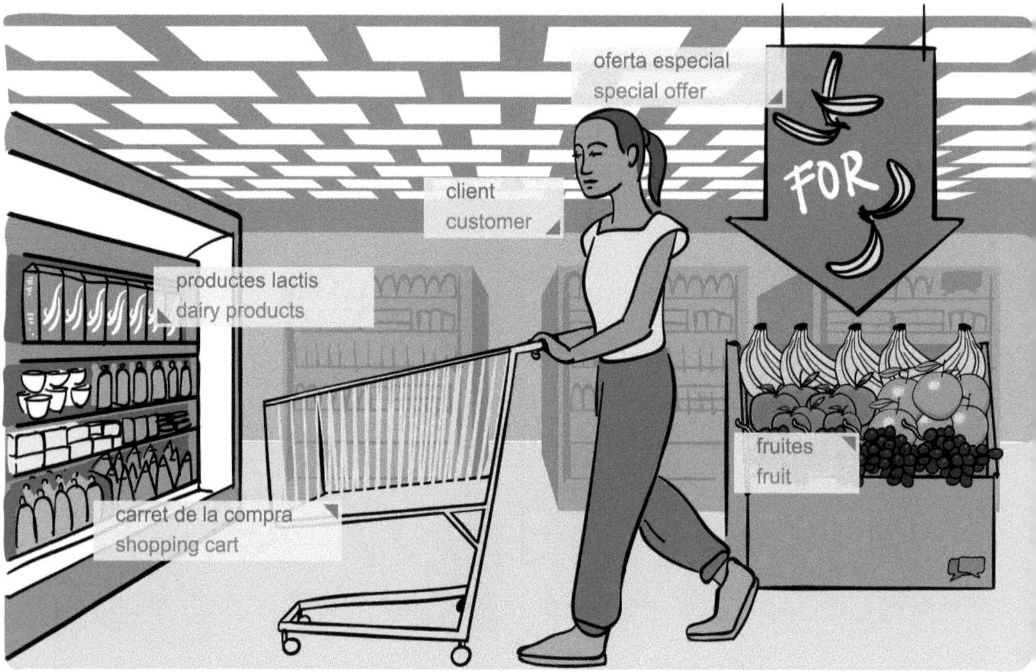

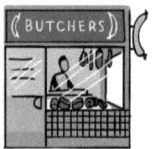

carnisseria

butcher's shop

BAKERY

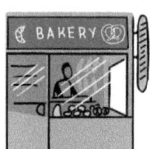

forn de pa

bakery

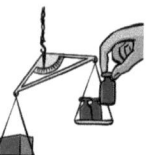

pesar

weigh

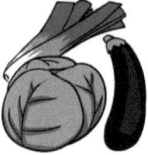

verdures

vegetables

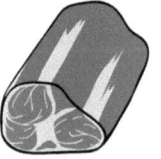

carn

meat

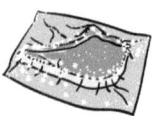

menjar congelat

frozen food

carn freda

cold cuts

conserves

canned food

detergent en pols

detergent

dolços

candy

articles domèstics

household products

productes de neteja

cleaning products

venedora

sales representative

caixa registradora

cash register

caixera

cashier

llista de la compra

shopping list

horari d'obertura

opening hours

portamonedes

wallet

carta de crèdit

credit card

bossa

bag

bossa de plàstic

plastic bag

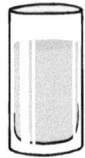

aigua

water

suc

juice

llet

milk

coca-cola

coke

vi

wine

cervesa

beer

alcohol

alcohol

cacau

cocoa

te

tea

cafè

coffee

espresso

espresso

cappuccino

cappuccino

banana

banana

poma

apple

taronja

orange

síndria

melon

llimona

lemon

pastanaga

carrot

all

garlic

bambú

bamboo

ceba

onion

bolet

mushroom

avellanes

nuts

fideus

noodles

espaguetis

spaghetti

arròs

rice

amanida

salad

patates fregides

fries

patates fregides

fried potatoes

pizza

pizza

hamburguesa

hamburger

entrepà

sandwich

escalopa

escalope

cuixot

ham

salami

salami

salsitxa

sausage

pollastre

chicken

rostit

roast

peix

fish

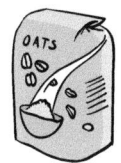

flocs de civada
....
porridge oats

musli
....
muesli

cereals
....
cornflakes

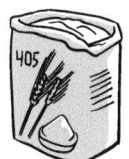

farina
....
flour

croissant
....
croissant

panet
....
bread roll

pa
....
bread

torrada
....
toast

bescuits
....
cookies

mantega
....
butter

mató
....
curd

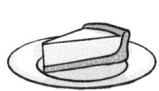

pastís
....
cake

ou
....
egg

ou fregit
....
fried egg

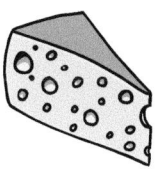

formatge
....
cheese

gelat

ice cream

sucre

sugar

mel

honey

melmelada

jelly

crema de xocolata

nougat cream

curri

curry

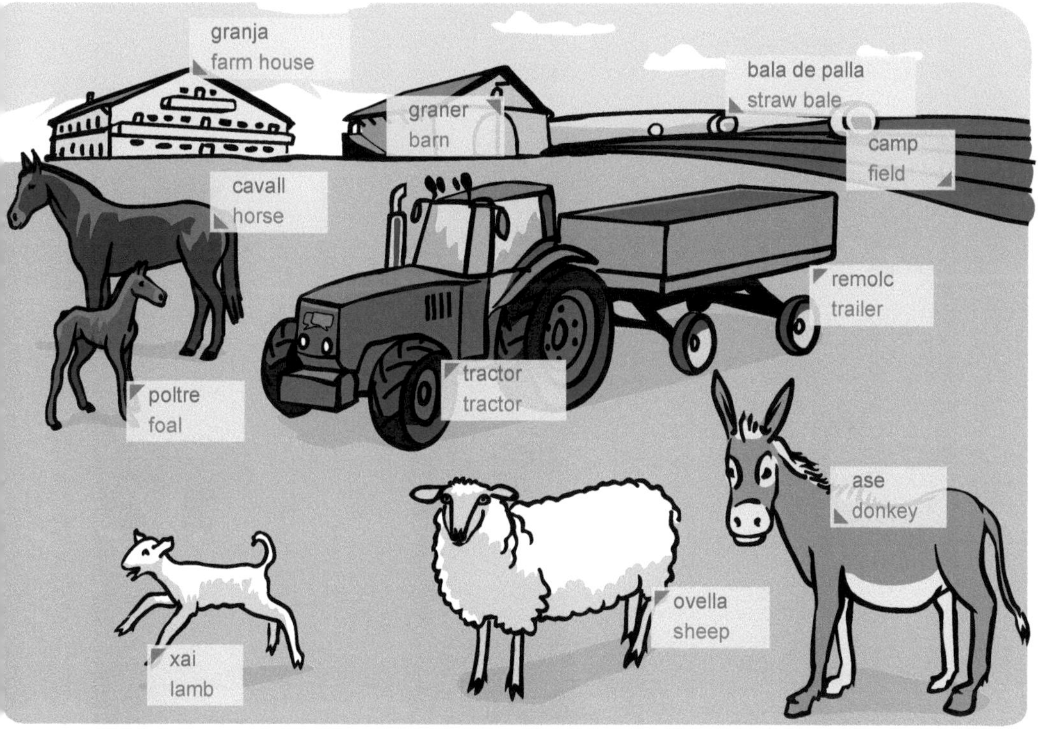

granja
farm house

graner
barn

bala de palla
straw bale

camp
field

cavall
horse

remolc
trailer

poltre
foal

tractor
tractor

ase
donkey

xai
lamb

ovella
sheep

cabra
....
goat

vaca
....
cow

vedella
....
calf

porc
....
pig

garrí
....
piglet

bou
....
bull

oca
goose

ànec
duck

poll
chick

gall
hen

gallina
cockerel

rata
rat

gat
cat

ratolí
mouse

bou
ox

gos
dog

gossera
dog house

mànega de regar
garden hose

regadora
watering can

dalla
scythe

arada
plow

falç

sickle

aixada

hoe

forca

pitchfork

destral

axe

carretó

pushcart

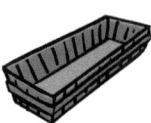

abeurador

trough

lletera

milk can

sac

sack

tanca

fence

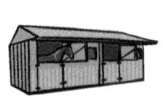

establa

stable

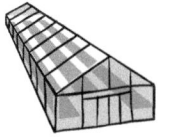

hivernacle

greenhouse

sòl

soil

llavor

seed

adob

fertilizer

collidora

combine harvester

collir

harvest

collita

harvest

nyam

yams

blat

wheat

soja

soya

patata

potato

blat de moro o d'indi

corn

colza

rapeseed

arbre fruiter

fruit tree

mandioca

manioc

cereals

grain

casa
house

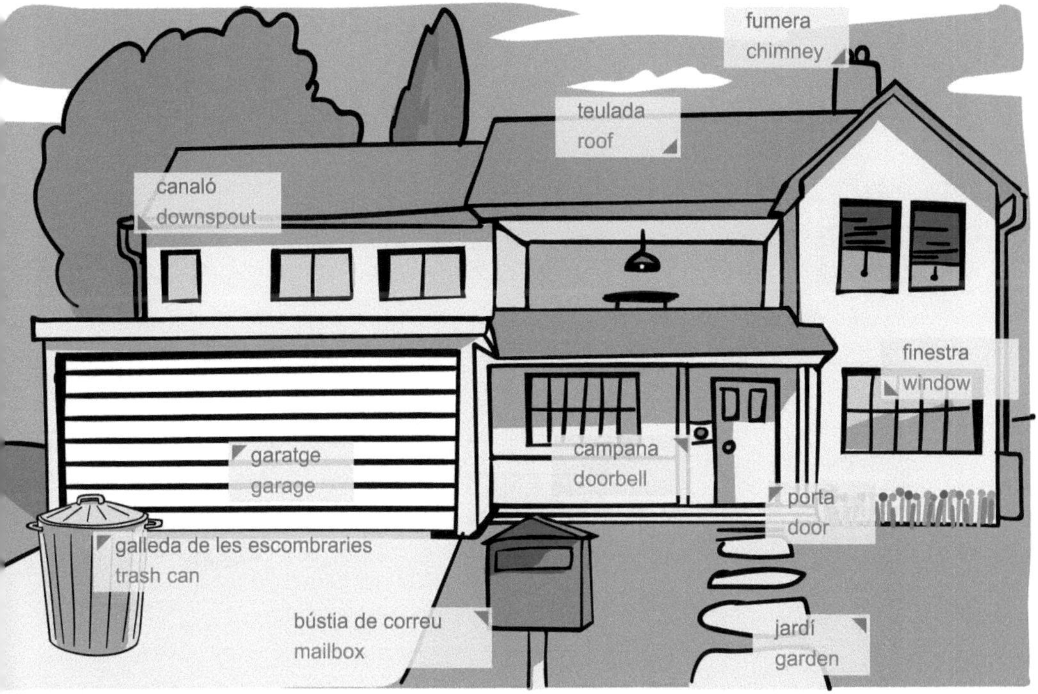

fumera
chimney
teulada
roof
canaló
downspout
finestra
window
garatge
garage
campana
doorbell
porta
door
galleda de les escombraries
trash can
bústia de correu
mailbox
jardí
garden

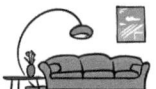

sala d'estar

living room

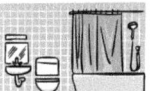

bany

bathroom

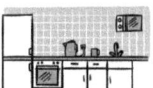

cuina

kitchen

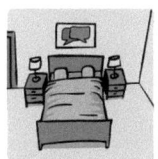

cambra de dormir

bedroom

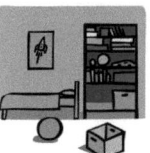

cambra de nen

kids room

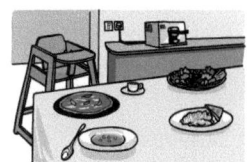

menjador

dining room

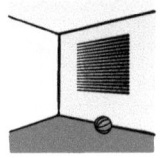

sòl

floor

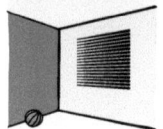

paret

wall

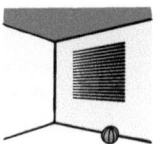

sostre

ceiling

soterrani

cellar

sauna

sauna

balcó

balcony

terrassa

terrace

piscina

pool

tallagespa

lawn mower

vànova

sheet

cobrellit

bedspread

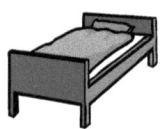

llit

bed

escombra

broom

galleda

bucket

interruptor

switch

sala d'estar

living room

paper de paret
wallpaper
quadre
picture
làmpada
lamp
prestatge
shelf
armari
cabinet
televisor
television
escalfapanxes
fireplace
flor
flower
coixí
cushion
sofà
sofa
gerro
vase
telecomanda
remote control

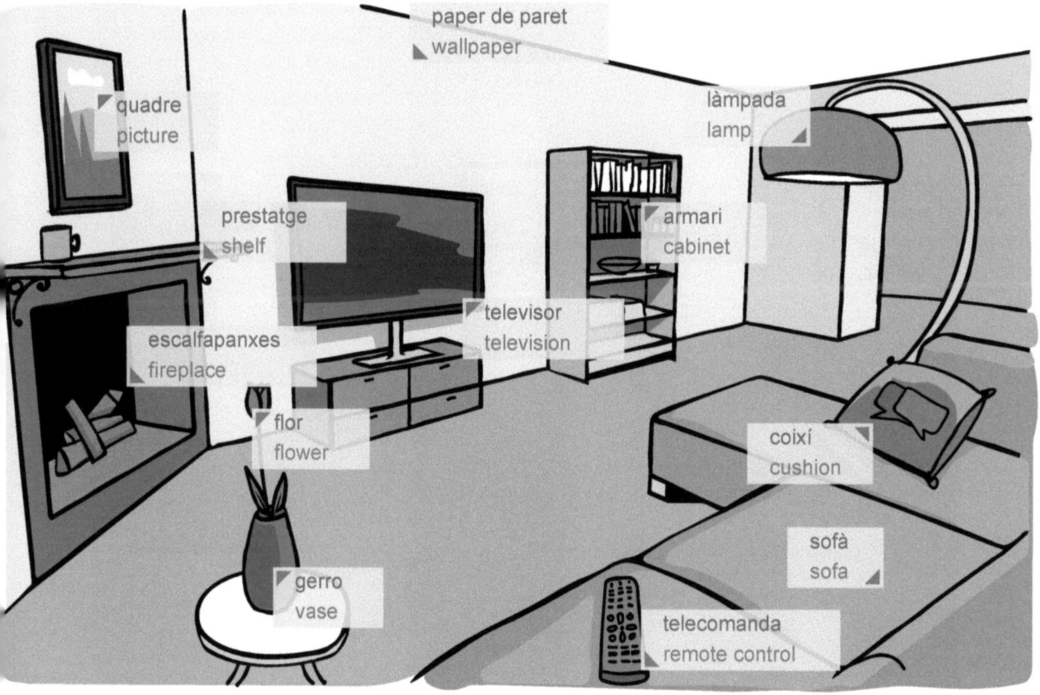

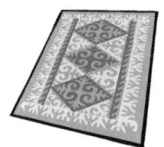

catifa

carpet

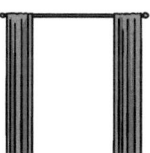

cortina

drape

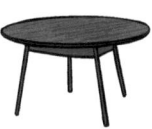

taula

table

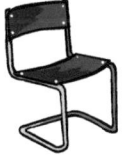

cadira

chair

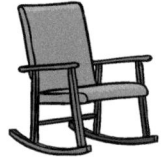

cadira gronxadora

rocking chair

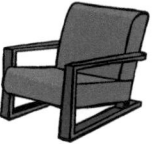

cadiral

armchair

llibre

book

llençol

blanket

decoració

decoration

llenya

firewood

film

film

cadena de música

stereo system

clau

key

diari

newspaper

pintura

painting

cartell

poster

ràdio

radio

bloc de notes

notebook

aspiradora

vacuum cleaner

cactus

cactus

candela

candle

cuina
kitchen

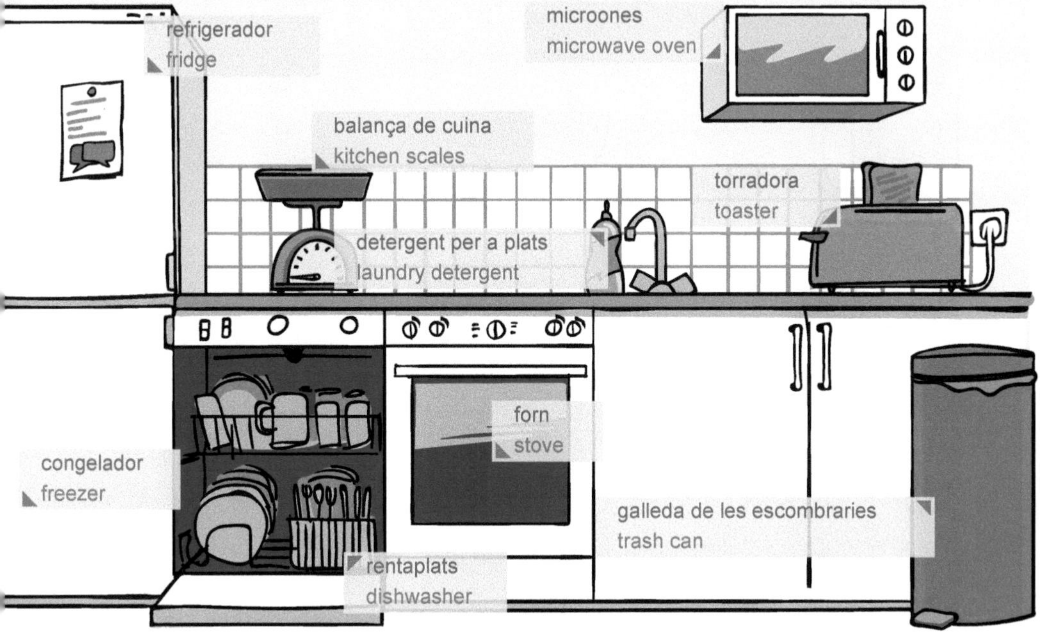

refrigerador
fridge
microones
microwave oven
balança de cuina
kitchen scales
torradora
toaster
detergent per a plats
laundry detergent
forn
stove
congelador
freezer
galleda de les escombraries
trash can
rentaplats
dishwasher

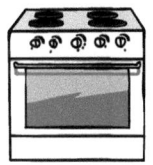

cuina de fogons

cooker

olla

pot

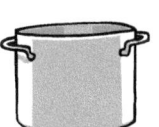

olla de ferro colat

cast-iron pot

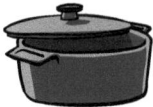

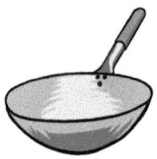

wok / karahi

wok / kadai

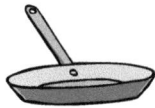

paella

pan

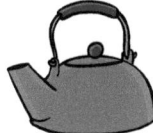

bullidor

kettle

olla de vapor

steamer

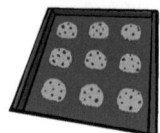

plata de forn

baking tray

vaixella

crockery

tassa grossa

mug

bol

bowl

bastonets xinesos

chopsticks

culler

ladle

espàtula

spatula

batedor

whisk

colador

strainer

sedàs

sieve

ratllador

grater

morter

mortar

barbacoa

barbecue

foc a terra

fireplace

taula de tallar

chopping board

corró

rolling pin

llevataps

corkscrew

pot de conserva

can

obridor

can opener

agafador

oven cloth

aigüera

sink

raspall

brush

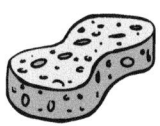

esponja

sponge

batedora

blender

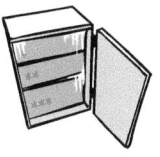

congelador

deep freezer

biberó

baby bottle

aixeta

tap

bany

bathroom

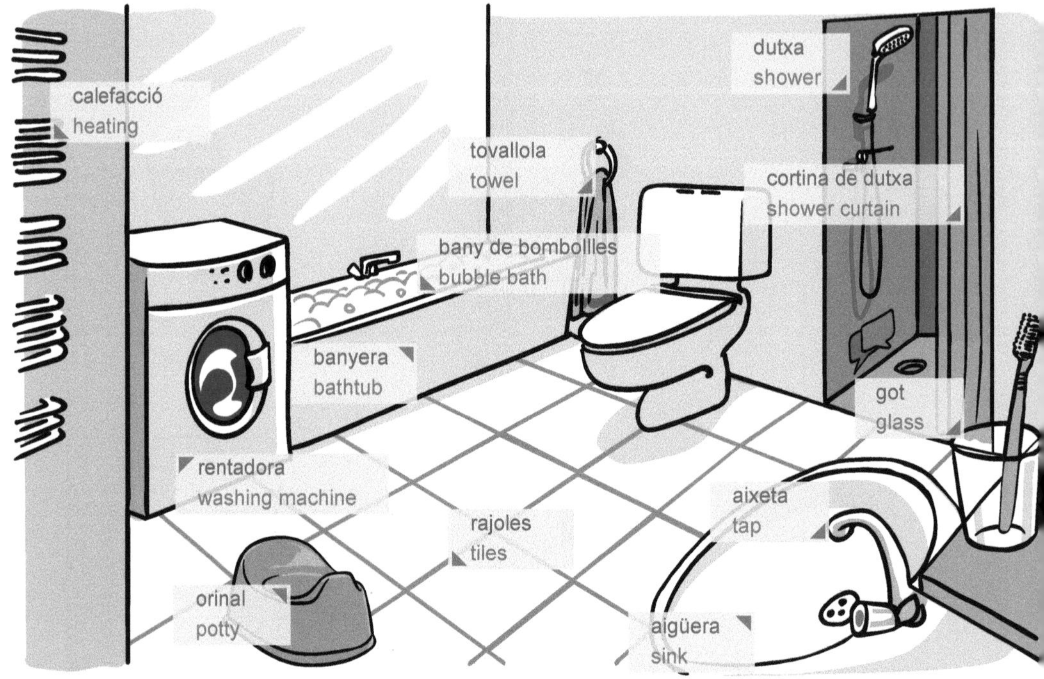
dutxa
shower
calefacció
heating
tovallola
towel
cortina de dutxa
shower curtain
bany de bombolles
bubble bath
banyera
bathtub
got
glass
rentadora
washing machine
aixeta
tap
rajoles
tiles
orinal
potty
aigüera
sink

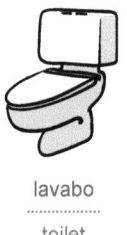

lavabo

toilet

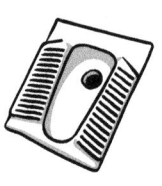

lavabo turc

squat toilet

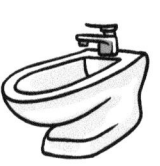

bidet

bidet

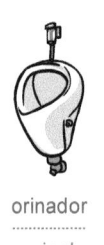

orinador

urinal

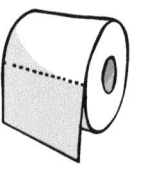

paper higiènic

toilet paper

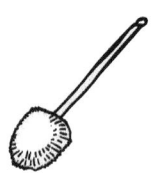

escombreta de sanitari

toilet brush

raspall de dents

toothbrush

pasta de dents

toothpaste

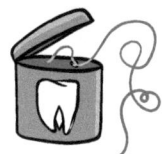

fil dental

dental floss

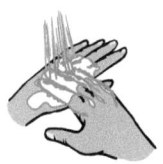

rentar

wash

pom de dutxa

hand shower

dutxa íntima

douche

rentamans

basin

raspall per a l'esquena

back brush

sabó

soap

gel de dutxa

shower gel

xampú

shampoo

manyopla de bany

flannel

bonera

drain

crema

creme

desodorant

deodorant

mirall

mirror

mirall-espill de mà

hand mirror

maquineta de rasar

razor

espuma de barbejar

shaving foam

loció post-rasada

aftershave

pinta

comb

raspall

brush

eixugador

hair-dryer

laca

hairspray

maquillatge

makeup

pintallavis

lipstick

esmalt d'ungles

nail varnish

cotó

cotton wool

tallaungles

nail scissors

perfum

perfume

estoig de bellesa

washbag

tamboret

stool

bàscula

weighing scales

barnús

bathrobe

guants de goma

rubber gloves

compresa higiènica

tampon

compresa

sanitary towel

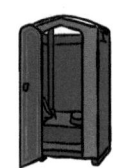

sanitari químic

chemical toilet

cambra de nen

kids room

despertador
alarm clock
animal de peluix
cuddly toy
auto de joguina
toy car
sonall
rattle
casa de nines
doll's house
present
present

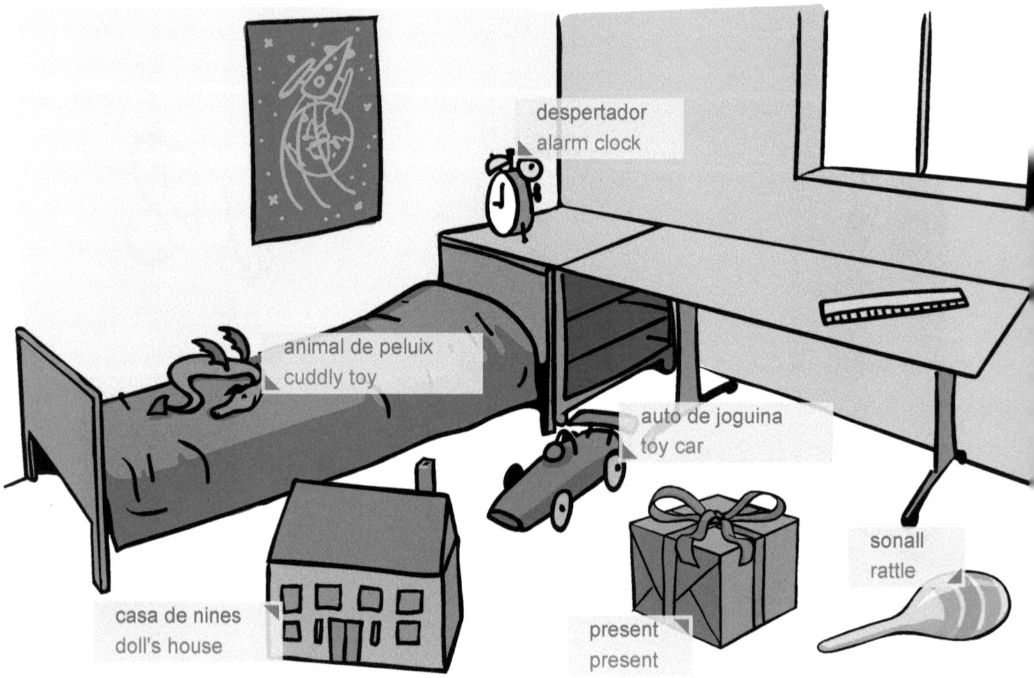

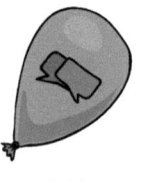

baló

balloon

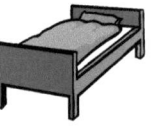

llit

bed

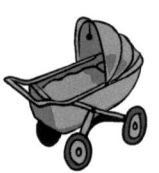

cotxet per a nens

stroller

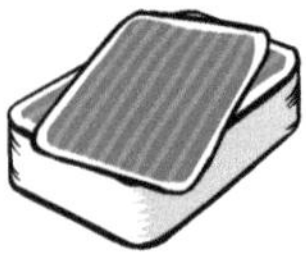

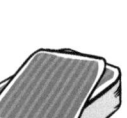

joc de cartes

deck of cards

trencaclosca

jigsaw

SUPER
MEGA

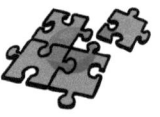

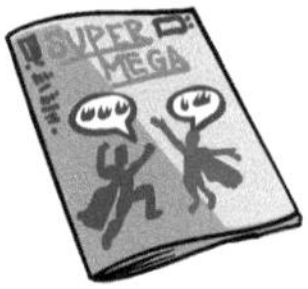

historieta

comic

peces de lego

lego bricks

peces de construcció

toy blocks

ninot d'acció

action figure

granota

romper suit

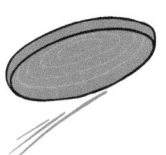

frisbee

frisbee

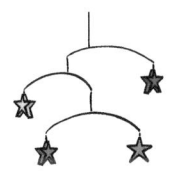

mòbil per a bressol

mobile

joc de taula

board game

daus

dice

tren elèctric

model train set

xumet

pacifier

festa

party

llibre de dibuixos

picture book

pilota

ball

nina

doll

jugar

play

sorrera

sandpit

gronxador

swing

joguines

toys

consola de jocs de vídeo

video game console

tricicle

tricycle

osset de peluix

teddy bear

armari

wardrobe

roba

clothing

mitjons

socks

mitges

stockings

mitja pantaló

tights

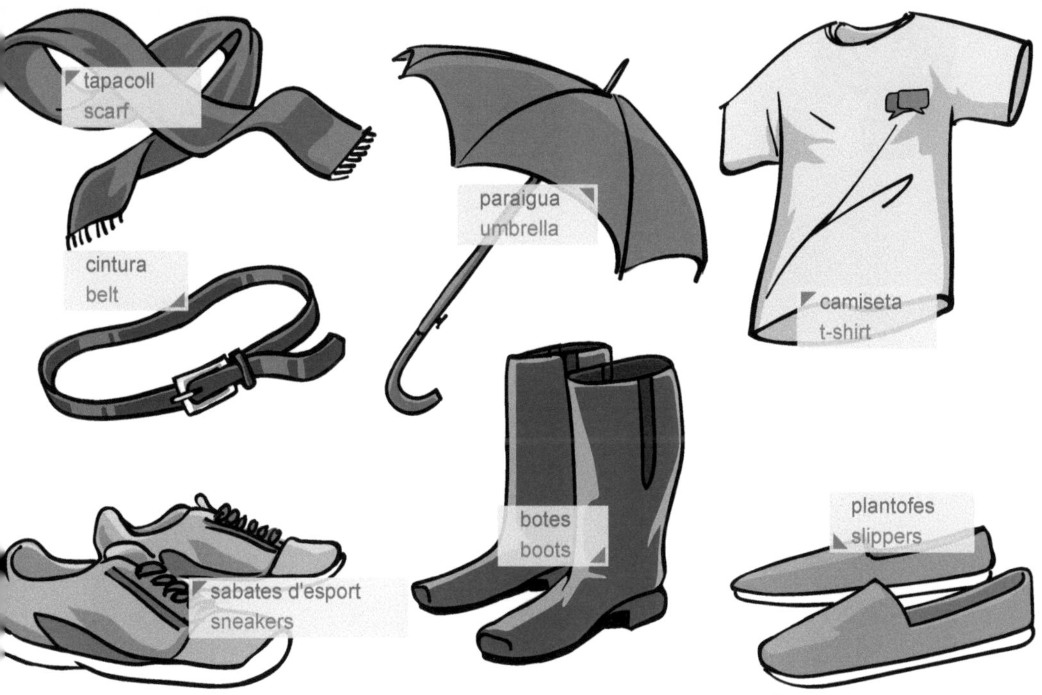

tapacoll
scarf

cintura
belt

paraigua
umbrella

camiseta
t-shirt

botes
boots

plantofes
slippers

sabates d'esport
sneakers

sandàlies
....
sandals

sabates
....
shoes

botes de goma
....
rubber boots

calçonets
....
underwear

sostenidor
....
bra

guardapits
....
undershirt

jjustacòs

body

pantalons

pants

jeans

jeans

faldeta

skirt

brusa

blouse

camisa

shirt

jersei

pullover

dessuadora

sweater

blazer

blazer

jaqueta

jacket

mantell

coat

impermeable

raincoat

vestit de dona

costume

vestit de dona

dress

vestit de núvia

wedding dress

vestit d'home

suit

camisa de dormir

nightgown

pijama

pajamas

sari

sari

mocador de cap

headscarf

turbant

turban

burca

burka

caftan

kaftan

abaia

abaya

vestit de bany

swimsuit

calçon(et)s de bany

trunks

pantalons curts

shorts

xandall

tracksuit

davantal

apron

guants

gloves

botó

button

ulleres

glasses

braçalet

bracelet

collaret

necklace

anell

ring

orellera

earring

casquet

cap

penjador

coat hanger

capell

hat

corbata

tie

cremallera

zip

casc

helmet

elàstics

braces

uniforme escolar

school uniform

uniforme

uniform

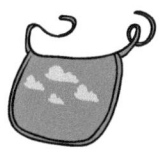

pitet

bib

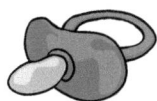

xumet

pacifier

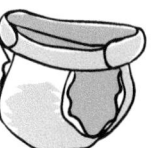

bolquer

diaper

oficina
office

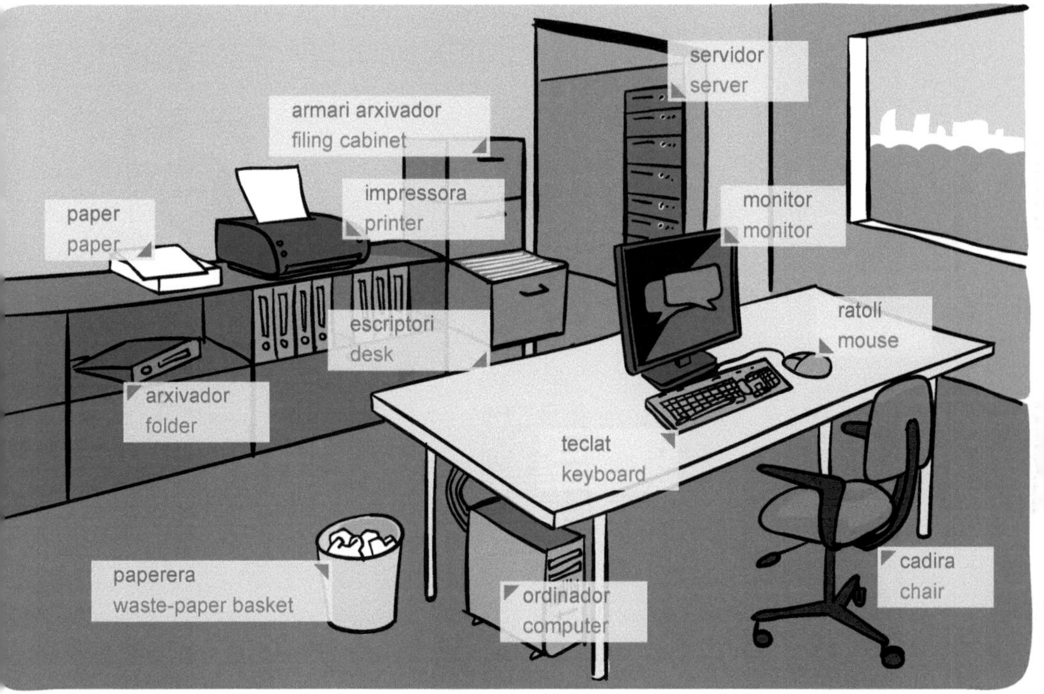

servidor
server
armari arxivador
filing cabinet
impressora
printer
paper
paper
monitor
monitor
escriptori
desk
ratolí
mouse
arxivador
folder
teclat
keyboard
paperera
waste-paper basket
ordinador
computer
cadira
chair

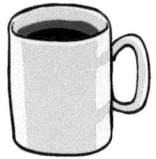

tassa de cafè

coffee mug

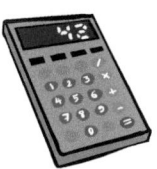

calculadora

calculator

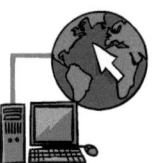

Internet

internet

ordinador portàtil

laptop

lletra

letter

missatge

message

mòbil

cell phone

xarxa

network

fotocopiadora

photocopier

programari

software

telèfon

telephone

presa de corrent

plug socket

fax

fax machine

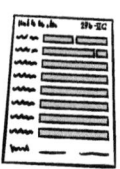

formulari

form

document

document

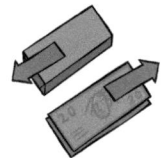

comprar

buy

pagar

pay

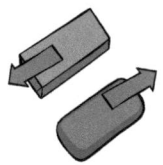

comerciar

trade

diners

money

dòlar

dollar

euro

euro

ien

yen

ruble

rouble

franc suís

Swiss franc

renminbi

renminbi yuan

rupia

rupee

caixa automàtica

cash point

oficina de canvi
....
currency exchange office

or
....
gold

argent
....
silver

petroli
....
oil

energia
....
energy

preu
....
price

contracte
....
contract

impost
....
tax

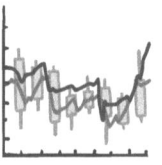

acció
....
stock

treballar
....
work

treballador
....
employee

empresari
....
employer

fàbrica
....
factory

botiga
....
shop

oficis
occupations

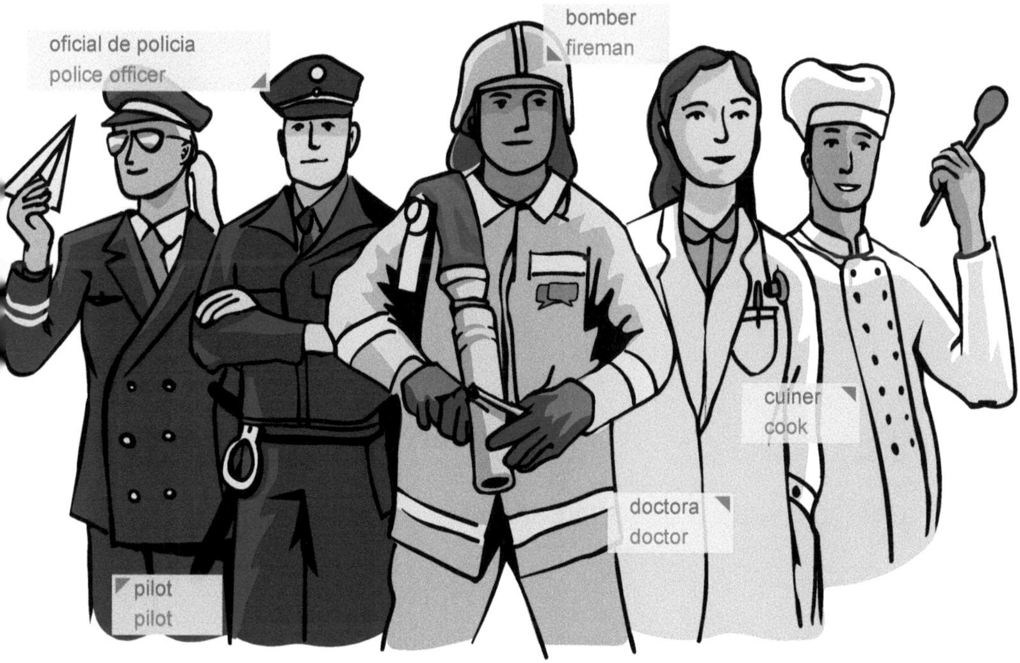

oficial de policia
police officer
bomber
fireman
cuiner
cook
doctora
doctor
pilot
pilot

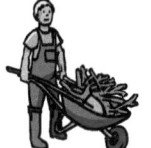

jardiner
gardener

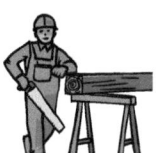

fuster
carpenter

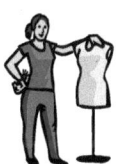

costurera
seamstress

jutge
judge

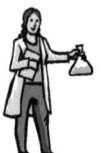

química
chemist

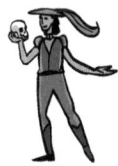

actor
actor

conductor d'autobús

bus driver

taxista

taxi driver

pescador

fisherman

dona de la neteja

cleaning lady

ensostrador

roofer

cambrer

waiter

caçador

hunter

pintor

painter

forner

baker

electricista

electrician

obrer de la construcció

builder

enginyer

engineer

carnisser

butcher

llanterner

plumber

correu

postman

soldat

soldier

arquitecte

architect

caixera

cashier

florista

florist

perruquer

hairdresser

revisor

conductor

mecànic

mechanic

capità

captain

dentista

dentist

científic

scientist

rabí

rabbi

imam

imam

monjo

monk

capellà

pastor

eines
tools

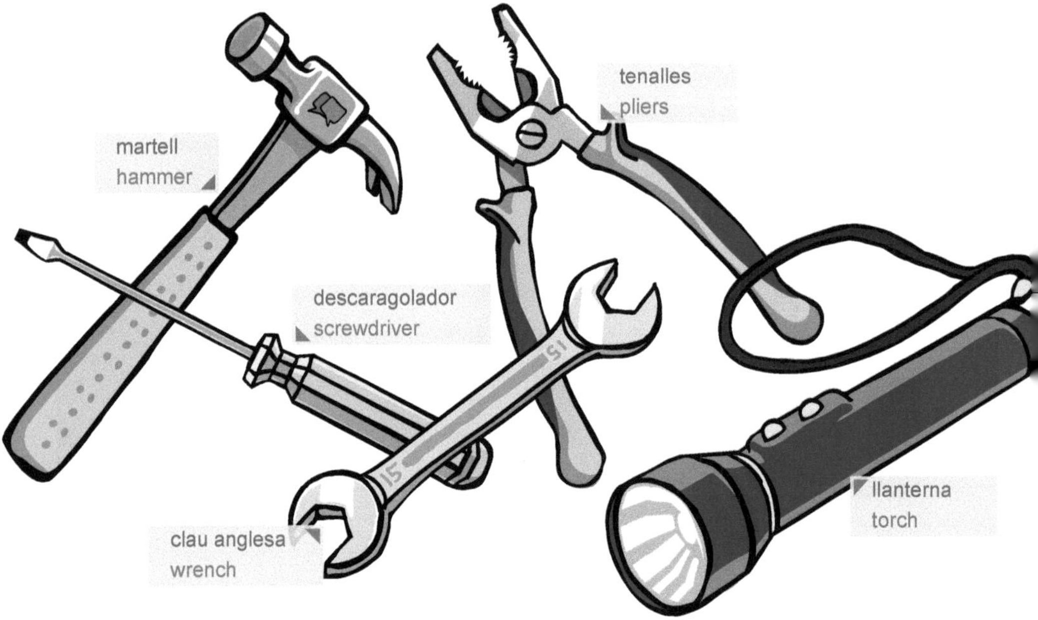
tenalles
pliers
martell
hammer
descaragolador
screwdriver
15
clau anglesa
wrench
llanterna
torch

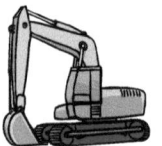

excavadora

excavator

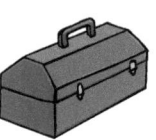

caixa d'eines

toolbox

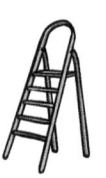

escala

ladder

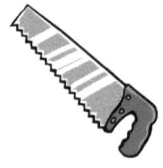

serra

saw

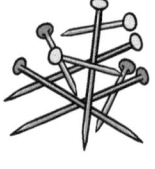

claus

nails

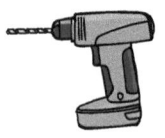

trepant

drill

reparar

repair

pala

shovel

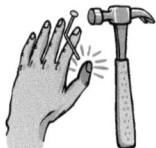

Maleït siga!

Damn!

pala

dustpan

pot de pintura

paint can

caragols

screws

instrument de música
musical instruments

altaveu
loud speaker

bateria
drum set

guitarra
guitar

contrabaix
double bass

trompeta
trumpet

piano
piano

violí
violin

baix
bass

timbal
timpani

tambor
drums

teclat
keyboard

saxofon
saxophone

flauta
flute

micròfon
microphone

instrument de música - musical instruments

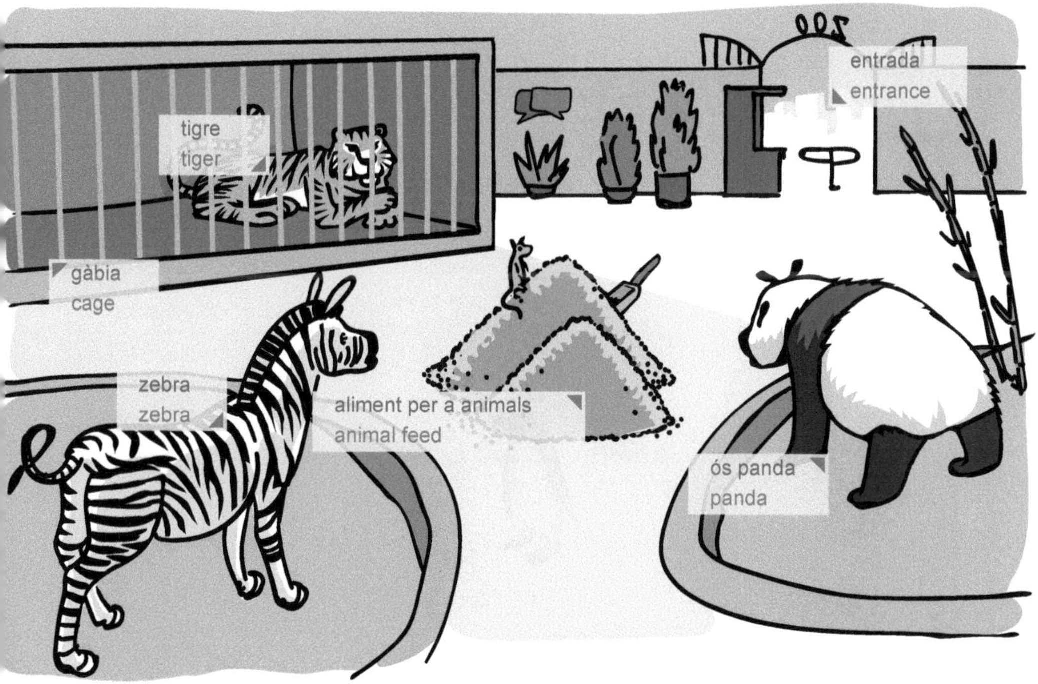

tigre
tiger

entrada
entrance

gàbia
cage

zebra
zebra

aliment per a animals
animal feed

ós panda
panda

animals
animals

elefant
elephant

cangurú
kangaroo

rinoceront
rhino

goril·la
gorilla

ós
bear

camell

camel

estruç

ostrich

lleó

lion

simi

monkey

flamenc

flamingo

papagai

parrot

ós polar

polar bear

pingüí

penguin

ca mari

shark

paó

peacock

serp

snake

cocodril

crocodile

guardià del zoo

zookeeper

foca

seal

jaguar

jaguar

poni

pony

lleopard

leopard

hipopòtam

hippo

girafa

giraffe

àliga

eagle

senglar

boar

peix

fish

tortuga

turtle

morsa

walrus

guineu

fox

gasela

gazelle

futbol americà
American football

ciclisme
cycling

tenis
tennis

bàsquet
basketball

natació
swimming

boxa
boxing

hoquei sobre gel
ice hockey

futbol americà
soccer

bàdminton
badminton

atletisme
athletics

handbol
handball

esquí
skiing

polo
polo

activitats
activities

riure
laugh
saltar
jump
abraçar
hug
anar
walk
cantar
sing
somiar
dream
pregar
pray
fer un petó
kiss

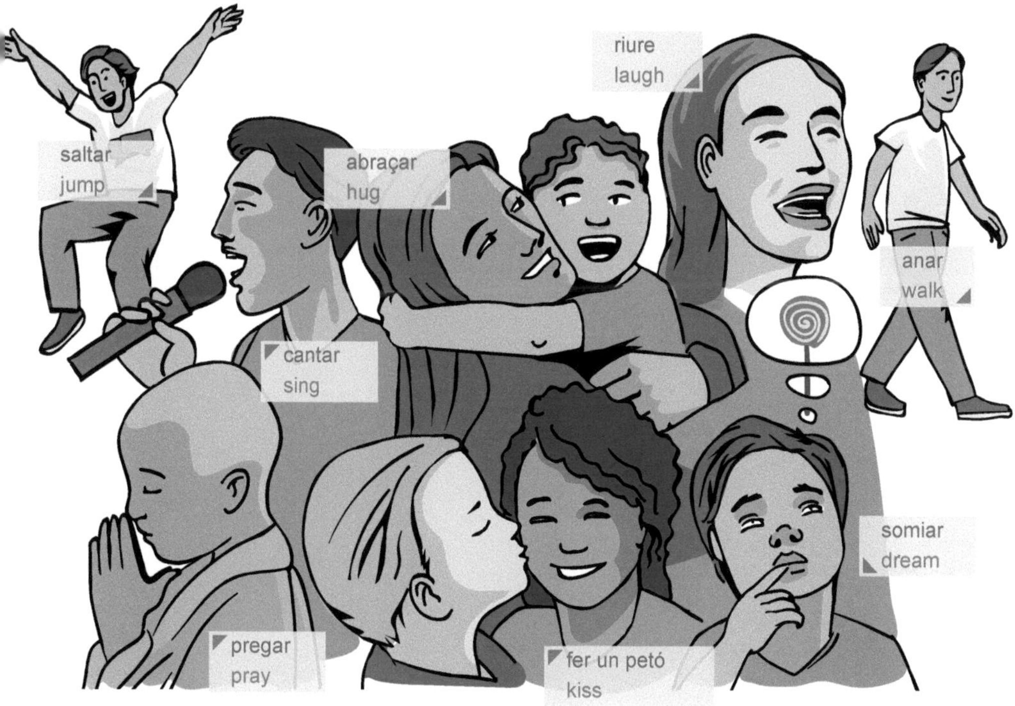

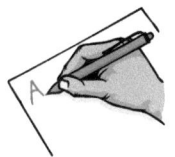

escriure

write

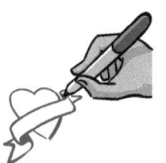

dibuixar

draw

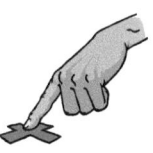

mostrar

show

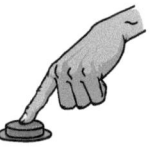

pitjar

push

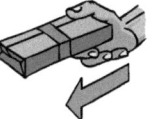

donar

give

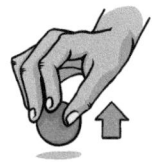

prendre

take

tenir

have

fer

do

ésser

be

estar dret

stand

córrer

run

estirar

pull

llançar

throw

caure

fall

jeure

lie

esperar

wait

portar

carry

asseure's

sit

vestir-se

get dressed

dormir

sleep

despertar-se

wake up

mirar

look at

plorar

cry

amoixar

stroke

pentinar

comb

parlar

talk

comprendre

understand

demanar

ask

escoltar

listen

beure

drink

menjar

eat

endreçar

tidy up

estimar

love

cuinar

cook

conduir

drive

volar

fly

navegar

sail

calcular

calculate

llegir

read

aprendre

learn

treballar

work

casar-se

marry

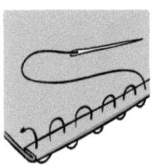

cosir

sew

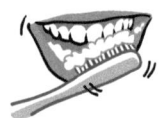

raspallar-se les dents

brush teeth

matar

kill

fumar

smoke

enviar

send

àvia
grandmother

avi
grandfather

pare
father

mare
mother

nadó
baby

filla
daughter

fill
son

convidat

guest

tia

aunt

oncle

uncle

germà

brother

germana

sister

cos

body

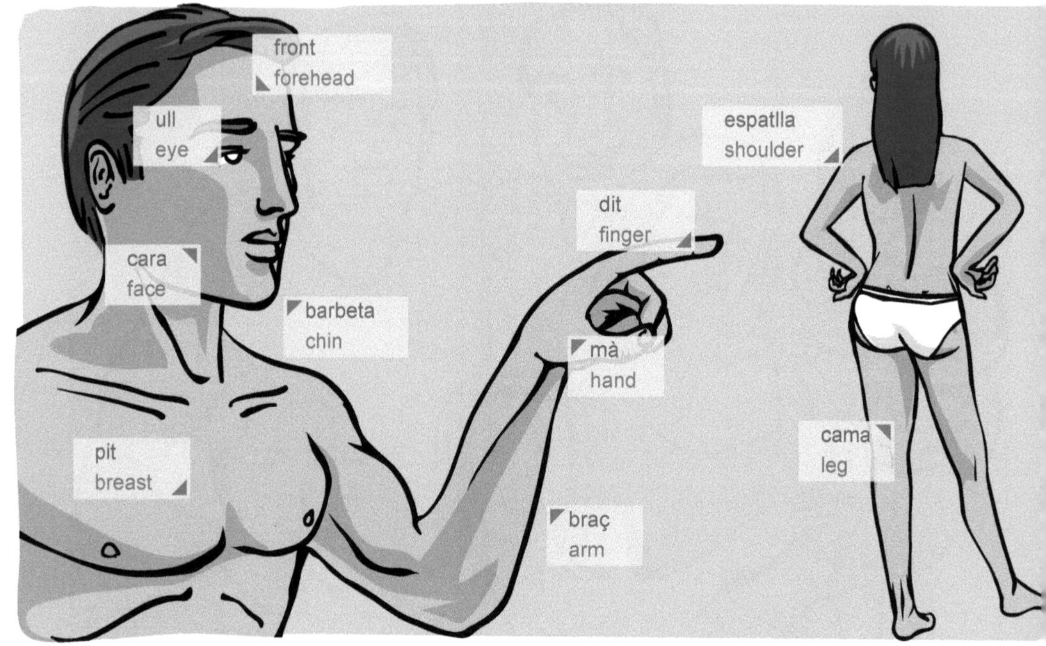

front
forehead
ull
eye
espatlla
shoulder
dit
finger
cara
face
barbeta
chin
mà
hand
cama
leg
pit
breast
braç
arm

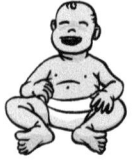

nadó

baby

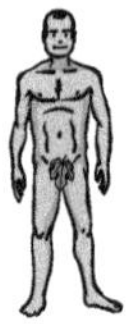

home

man

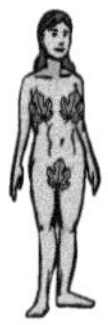

dona

woman

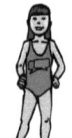

noia

girl

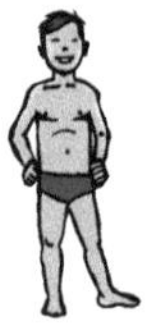

noi

boy

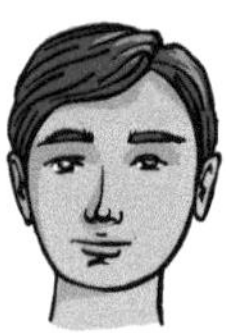

cap

head

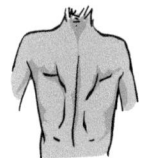

esquena

back

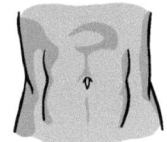

panxa

belly

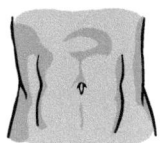

melic

navel

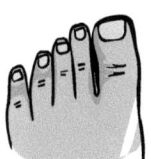

dit gros del peu

toe

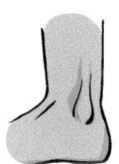

taló

heel

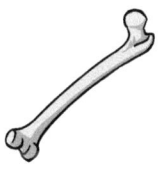

os

bone

maluc

hip

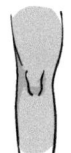

genoll

knee

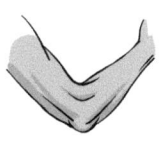

colze

elbow

nas

nose

cul

buttocks

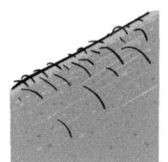

pell

skin

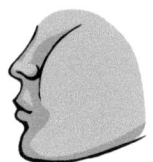

galta

cheek

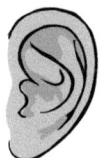

orella

ear

llavi

lip

cos - body

boca

mouth

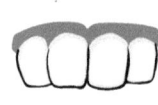

dent

tooth

llengua

tongue

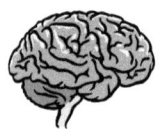

cervell

brain

cor

heart

múscul

muscle

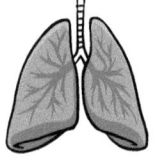

pulmó

lung

fetge

liver

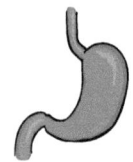

estómac

stomach

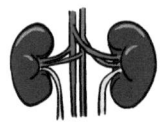

ronyó

kidneys

relació sexual

sex

preservatiu

condom

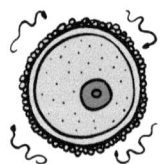

ovari

ovum

semen

semen

prenyat

pregnancy

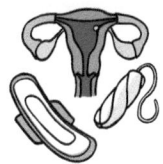

menstruació
....
menstruation

vagina
....
vagina

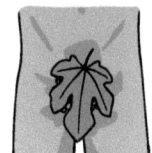

penis
....
penis

cella
....
eyebrow

cabells
....
hair

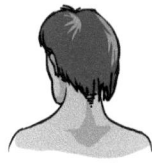

coll
....
neck

hospital
hospital

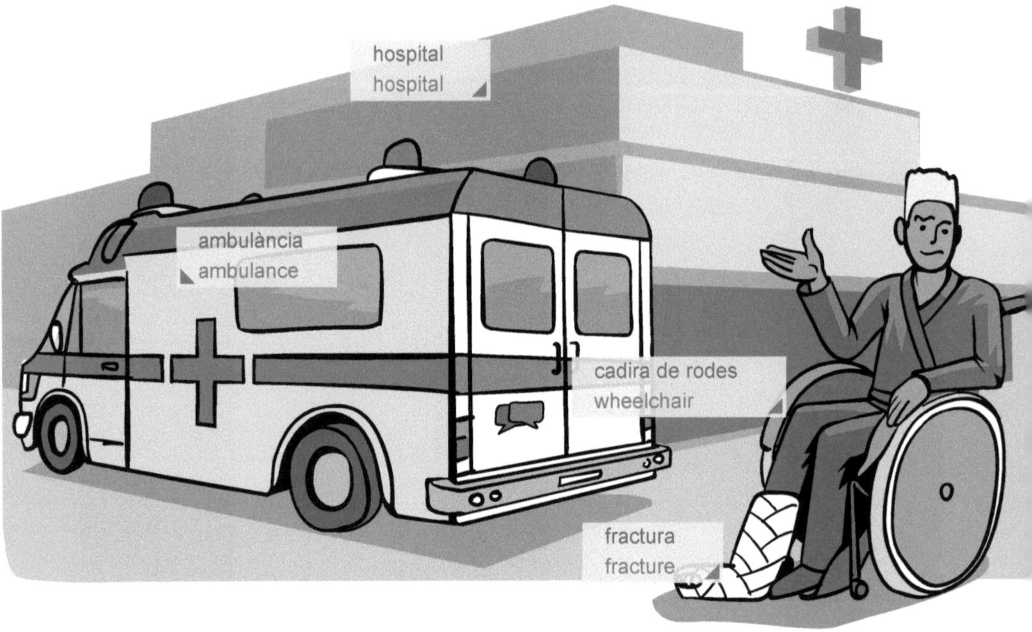

hospital
hospital
ambulància
ambulance
cadira de rodes
wheelchair
fractura
fracture

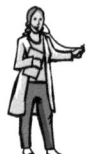

doctora

doctor

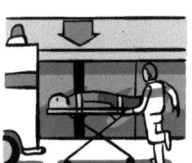

sala d'urgències

emergency room

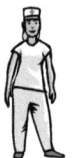

infermera

nurse

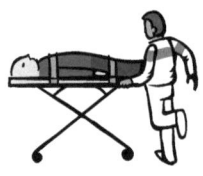

urgència

emergency

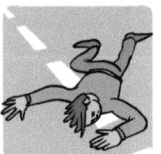

inconscient

unconscious

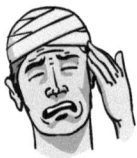

dolor

pain

ferida

injury

sagnament

bleeding

atac de cor

heart attack

apoplexia

stroke

al·lèrgia

allergy

tos

cough

febre

fever

gripa

flu

diarrea

diarrhea

mal de cap

headache

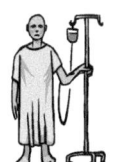

càncer

cancer

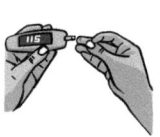

diabetis

diabetes

cirurgià

surgeon

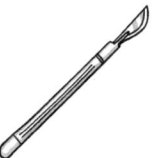

escalpel

scalpel

operació

operation

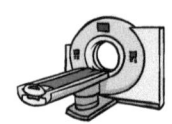

tomografia computada (TC), TAC

CT

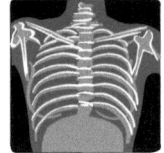

raigs x

x-ray

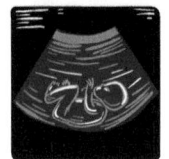

ultrasò

ultrasound

mascareta

face mask

malaltia

disease

sala d'espera

waiting room

crossa

crutch

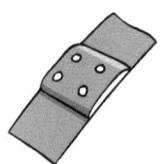

tireta

plaster

embenat

bandage

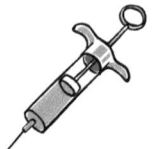

injecció

injection

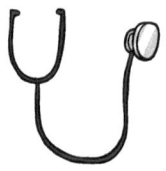

estetoscopi

stethoscope

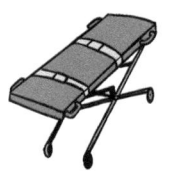

llitera

stretcher

termòmetre clínic

clinical thermometer

pariment

birth

sobrepès

overweight

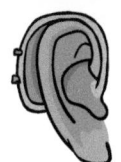

aparell auditiu

hearing aid

desinfectant

disinfectant

infecció

infection

virus

virus

VIH / SIDA

HIV / AIDS

medicina

medicine

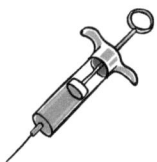

vaccí

vaccination

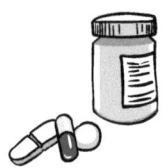

comprimits

tablets

píl·lola

pill

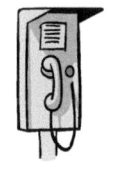

trucada d'urgència

emergency call

tensiòmetre

blood pressure monitor

malalt / sà

ill / healthy

Socors!

Help!

alarma

alarm

assalt

assault

atac

attack

perill

danger

sortida-eixida d'urgència

emergency exit

Foc!

Fire!

extintor

fire extinguisher

accident

accident

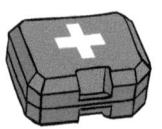

farmaciola de primers auxilis

first-aid kit

SOS

SOS

policia

police

Europa

Europe

Amèrica del Nord

North America

Amèrica del Sud

South America

Àfrica

Africa

Àsia

Asia

Austràlia

Australia

Atlàntic

Atlantic

Pacífic

Pacific

Oceà Índic

Indian Ocean

Oceà Antàrtic

Antarctic Ocean

Oceà Àrtic

Arctic Ocean

pol nord

North pole

pol sud
South pole

Antàrtida
Antarctica

terra
earth

país
land

mar
sea

illa
island

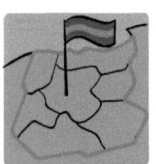

nació
nation

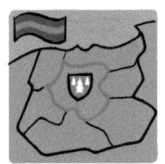

estat
state

quadrant

clock face

agulla de les hores

hour hand

agulla dels minuts

minute hand

agulla dels segons

second hand

Quina hora és?

What time is it?

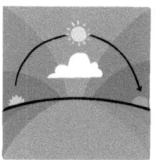

dia

day

temps

time

ara

now

rellotge digital

digital watch

minut

minute

hora

hour

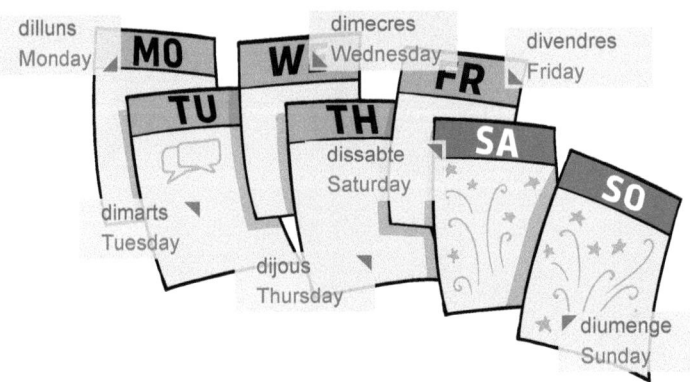

dilluns / Monday
dimarts / Tuesday
dimecres / Wednesday
dijous / Thursday
divendres / Friday
dissabte / Saturday
diumenge / Sunday

ahir

yesterday

avui

today

demà

tomorrow

matí

morning

migdia

noon

tarda

evening

dia feiner

workdays

cap de setmana

weekend

any
year

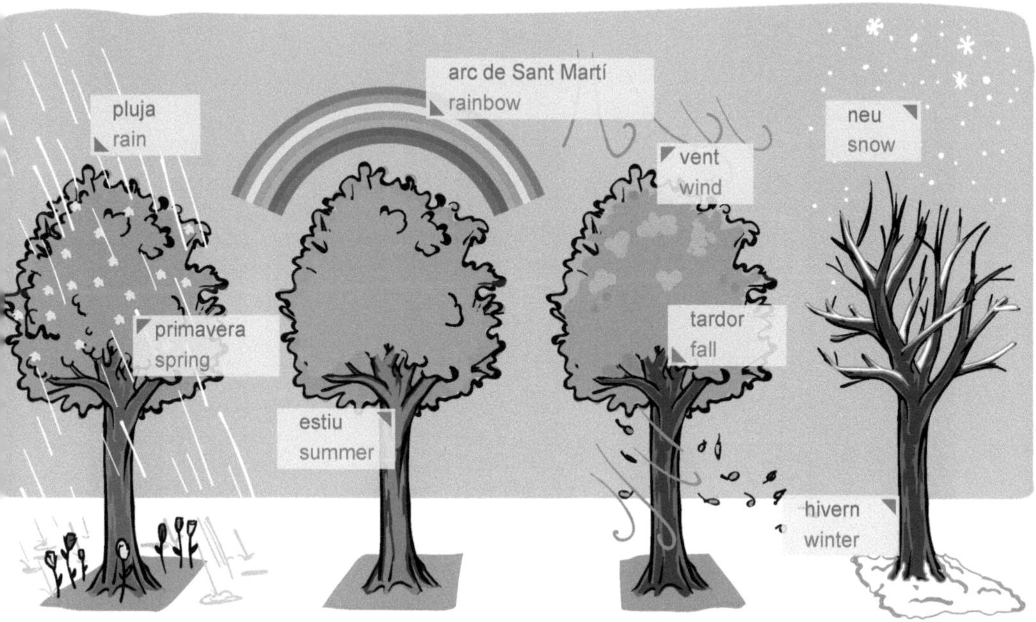
pluja
rain
arc de Sant Martí
rainbow
neu
snow
vent
wind
primavera
spring
tardor
fall
estiu
summer
hivern
winter

4.APRIL 11°
5.APRIL 4°
6.APRIL 13°
7.APRIL 8°
8.APRIL 10°

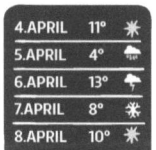

pronòstic del temps

weather forecast

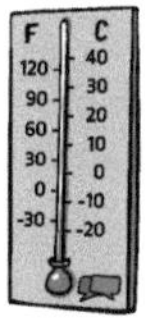
F
C
120
90
60
30
0
-30
40
30
20
10
0
-10
-20

termòmetre

thermometer

llum del sol

sunshine

núvol

cloud

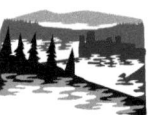

boira

fog

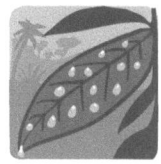

humiditat de l'aire

humidity

llamp

lightning

tro

thunder

tempesta

storm

calamarsa

hail

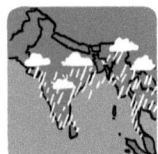

monsó

monsoon

inundació

flood

gel

ice

gener

January

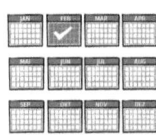

febrer

February

març

March

abril

April

maig

May

juny

June

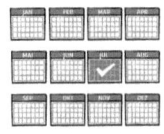

juliol

July

agost

August

any - year

setembre
....
September

octubre
....
October

novembre
....
November

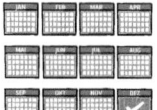

desembre
....
December

formes

shapes

cercle
....
circle

quadrat
....
square

rectangle
....
rectangle

triangle
....
triangle

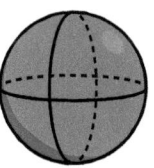

esfera
....
sphere

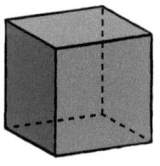

cub
....
cube

blanc

white

groc

yellow

taronja

orange

rosa

pink

vermell

red

lila

purple

blau

blue

verd

green

marró

brown

gris

gray

negre

black

molt / poc

a lot / a little

emprenyat / tranquil

angry / calm

bonic / lleig

beautiful / ugly

començament / fi

beginning / end

gran / petit

big / small

clar / fosc

bright / dark

germà / germana

brother / sister

net / brut

clean / dirty

complet / incomplet

complete / incomplete

dia / nit

day / night

mort / viu

dead / alive

ample / estret

wide / narrow

comestible / immenjable
edible / inedible

dolent / amable
evil / kind

entusiasmat / entediat
excited / bored

gros / prim
fat / thin

primer / darrer
first / last

amic / enemic
friend / enemy

ple / buit
full / empty

dur / tou
hard / soft

pesant / lleuger
heavy / light

gana / set
hunger / thirst

malalt / sà
ill / healthy

il·legal / legal
illegal / legal

intel·ligent / ximple
intelligent / stupid

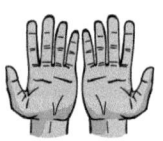

esquerra / dreta
left / right

prop / llunyà
near / far

nou / usat
new / used

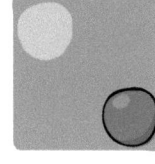

res / quelcom
nothing / something

vell / jove
old / young

encès / apagat
on / off

obert / tancat
open / closed

silenciós / sorollós
quiet / loud

ric / pobre
rich / poor

correcte / incorrecte
right / wrong

aspre / suau
rough / smooth

trist / content
sad / happy

curt / llarg
short / long

lent / ràpid
slow / fast

humit / sec - eixut
wet / dry

calent / fred
warm / cool

guerra / pau
war / peace

oposats - opposites

0

zero

zero

1

u

one

2

dos

two

3

tres

three

4

quatre

four

5

cinc

five

6

sis

six

7

set

seven

8

vuit

eight

9

nou

nine

10

deu

ten

11

onze

eleven

12

dotze

twelve

13

tretze

thirteen

14

catorze

fourteen

15

quinze

fifteen

16

setze

sixteen

17

disset

seventeen

18

divuit

eighteen

19

dinou

nineteen

20

vint

twenty

100

cent

hundred

1.000

mil

thousand

1.000.000

milió

million

anglès

English

anglès americà

American English

xinès mandarí

Chinese Mandarin

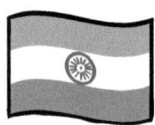

hindi

Hindi

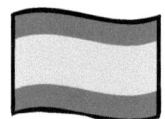

espanyol

Spanish

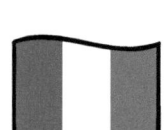

francès

French

àrab

Arabic

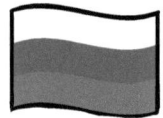

rus

Russian

portuguès

Portuguese

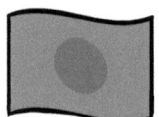

bengalí

Bengali

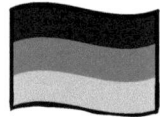

alemany

German

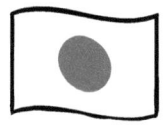

japonès

Japanese

jo

I

tu

you

ell / ella / allò

he / she / it

nosaltres

we

vosaltres

you

ells

they

qui?

who?

què?

what?

com?

how?

on?

where?

quan?

when?

nom

name

where

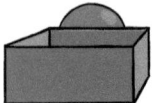

darrere

behind

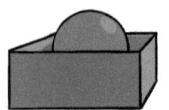

en

in

davant de

in front of

damunt

over

sobre

on

sota

under

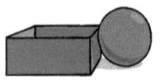

al costat

beside

entre

between

lloc

place